こんな考え方をすれば
もっと採用・育成ができるのに

●陣容を拡大するための気づきの言葉

和谷多加史
WAYA TAKASHI

JN298518

近代セールス社

はじめに

陣容規模は市場の規模に比例します。したがって、採用も契約同様、きわめて大切な仕事と言えるのですが、なぜか積極的に取り組む人は少ないように思われます。採用すれば育成がついて回るのですから、消極的になるのも分からなくもありません。でも、採用にしても育成にしても、それほど特別なことをしなければいけないのでしょうか？　もし、普段していることに〈ちょっとしたこと〉を心がけるだけで促進できるとしたら、きっと「それなら私もできる」と多くの人に言っていただけるように思うのですが、いかがでしょう？

本書でそういった〈ちょっとしたこと〉に気づき、採用活動と育成を促進するきっかけを掴んでいただければ幸いです。

平成十四年八月

和谷　多加史

目次

その一　何か良い仕事はないかなぁ

今の時代、
『何か良い仕事はないかなぁ』と思っている人が、たくさんいます。
だから、
自分の仕事に惚れ込んで自慢話をすれば、
それがそのまま採用活動になるのです。

セールストークの原点は自慢話と言います。したがって、仕事や会社、あるいは商品や職場に惚れ込んで自慢話をすれば、それがそのまま〈セールストーク〉になり、「だから貴女にお勧めするのです」と付け加えるだけで、クロージング（しめくくり）することになるのです。

そこで、ぜひお勧めしたいのが、「私、この仕事をして本当に良かったと思うのです」と言って、〈やり甲斐があるから〉〈貴女のような素晴らしい人に会えたから〉〈目標を持って頑張れるから〉といった話につなぐ展開方法です。なぜなら、〔「やり甲斐があるから」と言えば「こんなことがあって、とてもお客様に喜んでもらったのですよ」といった話がしやすくなり、保険の仕事の意味の大きさを理解させやすくなる〕〔「貴女のような素晴らしい人に会えたから」と言えば、〈その十九　最高のプレゼント〉で述べるような形で採用の話につなぎやすくなる〕〔「目標を持って頑張れるから」と言えば相手に刺激を与え、保険の仕事に興味を持たせることができる〕と言えるからです。

多くの人は情熱的な人に好感を持ち、情熱的な話し方にクロージングされます。本気で仕事や会社に惚れ込めば、まさに情熱的な話し方（自慢話）ができると思うのですが、いかがでしょう？

ぜひ、そのような目線を持って、多くの人に接していただきたいと思います。

その二　目の前にいても

絶好の採用ターゲットが目の前にいても、
採用する気のない人は気づきません。

みなさんは一心に本を読んでいて、〈目の前を通った人に気づかなかった〉といった経験はありませんか？　一心に考えごとをしていて、〈声をかけられたことに気づかなかった〉といった経験はありませんか？
「心ここにあらざれば見えども見えず」と言いますが、本に心を奪われているから目の前にいる人が目に入らない、考えごとに心を奪われているから聞き逃すはずのない声が耳に入らない、といった考えられないようなことが、実は私たちの周りで多々あるのです。

もっとも、いつも『孫娘を早く結婚させたい』と思っているおばあちゃんなどの場合は、反対にどんな話からでも「どこかにいい人はいないですかねぇ」といった話につないだり、適齢期の男性を見ると『孫にどうだろう』といった見方を、条件反射のようにするといったこともありますが、どちらにしても、「何を意識するかによってその人の行動が決まる」ということは、ご理解いただけると思います。

そこで考えていただきたいのが、〈採用する気のある人〉と〈採用する気のない人〉のものの見方と行動です。当然、〈採用する気のある人〉は『この人、採用できないかしら？』『どこかにいい人はいないかしら』といった目線で周囲の人を見ますが、〈採用する気のない人〉はそうではありません。したがって、採用する気のない人の場合、絶好の採用ターゲットが目の前にいても気づかない、といったことになりやすいわけです。

そういった意味で、ぜひ『採用しよう』という思いを持って、これからの展開を図っていただきたいと思います。

その三　えっ！　あの人、他社に行ったの!?

後で「えっ！　あの人、他社に行ったの!?」と言わないために、多くの人に声をかける必要があるのです。

『近いうちに採用の話をしよう』とか『この人に採用の話をしても、きっと断られるだろうな』と思っていた人が、他社に採用されたと聞いてショックを受けることがあります。ましてや、『採用できそう』と思っていた人なら尚さらです。

確かに、タイミングや時期の問題もありますが、後で『あの時、言えば良かった』『もっと強く言うべきだった』と悔やむのは、とても残念なことです。そういった意味で、仮に

『採用が決まる雰囲気ではない』と思っても、〈その一　何か良い仕事はないかなぁ〉で述べたような展開を心がけ、反応が悪くても「保険の仕事をするなら○○生命（自社）を一番に考えてよ」ぐらいのことは言っておくべきだと思うのです。

では、どのようにして多くの人に声をかければ良いのでしょう？　『採用の話をしなければいけない』と構えるのではなく、いつものように多くの人を訪問し、〈余計な話〉に花を咲かせるのです。つまり、『いつでも〈採用の話〉が切り出せる状況を作る』という考え方に立って、多くの人に会えば良いわけです。

状況さえ整えば、〈その十八　一度会ってみてよ〉や〈その二十二　愚痴を聞き出したら〉で述べるような形で採用の話を切り出すこともできます。断りを受けたら、〈その十　一人より二人に〉で述べるような形でさらに状況を整える、あるいは契約につなぐ、といった展開も図れます。まさに、何ごとも段取り八分ということです。

契約も採用も蒔いた種以上の花は咲きません。ぜひそのことを理解して、多くの人と〈余計な話〉に花を咲かせ、採用の話がしやすい状況を、まず作っていただきたいと思います。

その四　誰かが採用するだろう

『誰かが採用するだろう』とみんなが思っていたら、
一体、誰が採用するのでしょう?

何人かの友だちとエレベーターに乗って世間話に夢中になっていると、誰もボタンを押さず、「あれっ!?」とみんなで顔を見合わせる、といったことがよくあります。『誰かがするだろう』とみんなが思っていると、まさにこういったことになるわけですが、これとよく似た光景はいたる所で見かけます。

例えば、イベントを企画すると『誰かが準備をするだろう』。誰もしないでトラブルが起こると「私は言われていないから」。そこで、「じゃあ、○○さんは□□の準備をしてくださ い」と言われると、「え～、どうして私がしなければいけないの」。これでは大人の集団とは言えません。

何ごともそうですが、採用できるできないは時の運ということもあります。でも、それは行動を起こした場合にのみ言えるのであって、『行動を起こさずにできることなんて何一つない』と思うのですが、いかがでしょう?

「その言葉を言ったがために起こる心理状態がある」「その態度をとったがために起こる心理状態がある」と、心理学は教えています。つまり、「消極的になっている時ほど前向きな〈言葉〉や〈態度〉を意識して、気持ちを前向きにしなければ積極的な展開は図れない」ということです。

ぜひ、お互いがこのことを理解して、『みんなで職場から〈でも〉とか〈そんなこと言ったって〉という言葉を追い出そう』という考え方に立って、採用活動に取り組んでいただきたいと思います。

その五　腹が立つ

普段、会社の不満や愚痴を言っているのに、
他社の人に自社の悪口を言われると、
腹が立つのはなぜでしょう？
いろいろあっても、
結局、自分の会社を愛しているからです。

自分が勤める会社なのに、やたら会社に対する〈不満〉や〈愚痴〉を言う人がいます。どんな事情があるにせよ、節度は持って欲しいと思うのですが、一つ言えることは、普段、〈

不満〉や〈愚痴〉を言ってる人たちも、他社の人に自社の悪口を言われると腹を立てる、つまり、愛社精神を持っているということです。

そこで、ぜひ知っていただきたいのは、言葉には人に方向性を与える力があり、気分を害して〈心にもないこと〉を言ったとしても、言えばその言葉を実現する態度や行動を引き起こす傾向にある、ということです。

他社の人に自社の悪口を言われて腹が立つのであれば、みんなで悪口を言われないような会社にすれば良いのです。会社を愛しているのなら、会社が『して欲しい』と思っていることをしてあげれば良いのです。それを実現するのが〈採用〉と〈契約〉と理解できれば、もっと採用にも積極的に取り組めると思うのですが、いかがでしょう?

「ありがとう」と言えば「ありがとう」が返ってきます。「貴女いい人ね」と言えば「貴女こそ」と返ってきます。何でもないこんな会話が採用の話がしやすい状況を作ると理解して、ぜひこのあたりのことから意識して、採用に向けた一歩を踏み出していただきたいと思います。

その六　会社の体力

陣容が減れば、市場も減ります。
市場が減れば、契約がとりにくくなります。
契約が減れば、当然、会社の体力は衰えます。
陣容は会社の体力。
だから、採用と育成が大切なのです。

当然のことながら、陣容が十名の営業所と百名の営業所なら、百名の営業所の方が挙績力は上です。だからこそ、〈陣容〉は会社の体力と理解して、〈採用〉と〈育成〉に取り組む必要があるわけですが、「採用できなくても現状維持だからいいじゃないか」などと言う人がいます。でも、果たしてそうでしょうか?

毎年、定年を迎える人がいます。挫折する人もいるはずです。ということは、採用しなければ陣容が減るという意味で、間違いなく〈後退〉だと思うのですが、いかがでしょう?

確かに、契約をとらなければ資格を維持することも安定した収入も得られないのですから、契約に力が入るのは分かります。でも、会社の体力が衰えてしまったら、資格や収入のことも言ってられなくなることも知っていただきたいのです。

そういった意味で、ぜひお互いが〈採用と育成の大切さ〉を理解して、〈その九　〈できること〉をしてから言うべき〉〈その十　一人より二人に〉〈その十一　縁をたどれば〉〈その十五　方法がない?〉などで述べる展開を視野に入れ、採用活動に取り組むと同時に、採用した新人には〈その三十八　育成1〉〈その三十九　育成2〉〈その四十二　私だってこんなものよ〉〈その四十四　育成上手〉などで述べることを心がけ、育成率を高めていただきたいと思います。

その七　採用なんて意味がない？

採用しない人ほど、
「採用なんて意味がない」などと言います。
意味のない採用なんて、決してありません。
会社に協力できないのなら、
せめて〈邪魔〉はしないで欲しいものです。

営業職員として入社した頃、著者がたくさん契約をとると「馬鹿ね。そんなに頑張ると後が続かないわよ」、採用すると「採用なんかしていると契約がとれなくなるわよ」と、親切

（？）に言ってくれる先輩がいました。

また、その先輩は、朝礼で機関長が「見込み客をたくさん作りましょう」といったことを言うと、朝礼後、著者の耳元で「所長の話は聞き流せばいいからね」と、再三再四、親身（？）にアドバイスをしてくれました。もっとも、今思えば、著者が失敗したり困った時ほど、その先輩は嬉しそうに「ほらね」と、さも『私の言うことを聞かないからよ』と言いたげな雰囲気で、励ましてくれたように思うのですが…。

組織とは、一つの方向性を持って機能する集団のことを言います。つまり、組織に所属しているということは、その組織の持つ方向性に沿った展開を図って当たり前ということなのです。

契約も採用も、間違いなく私たちの仕事です。なぜなら、会社（組織）がそれを目指している、というより、それによって会社が成り立っているからです。ということは、〈好き〉とか〈嫌い〉とか、〈できる〉とか〈やりたくない〉といった個人的な問題は横に置き、結果はともかく、そのための努力はするべきだと思うのですが、いかがですか？

その八　時間

採用のために動く時間はなくても、
友だちと会う時間はあります。

少し皮肉な言い方をしましたが、友だちと会う時間があるとかないとかはともかく、『採用のために動く時間はない』と思うこと自体が問題と、ぜひ、みなさんには知っていただきたいのです。なぜなら、私たちにとって〈採用も大切な仕事〉と理解していれば、『採用のために動く時間はない』などと思うわけがないからです。

その昔、ご主人が恋人だった頃を思い出してください。上司から「残業してください」と言われても、デートの日は知恵を絞ってご主人と会える状況を作ったのではありませんか？　ということは、時間があるとかないとかの問題ではなく、そのための時間を作る気があるかないかの問題だと思うのですが、いかがでしょう？

ご承知のように、会社の体力は陣容規模に比例します。つまり、陣容の減少は〈会社の体力の衰え〉を意味し、結果的に〈仕事がやりづらい状況〉を作るということなのです。そういった意味で、〈その十一　縁をたどれば〉で述べる目線で多くの人に会う、〈その十八　一度、会ってみてよ〉で述べる展開を視野に入れて機関長を活用する、断りを受けたら〈その二十四　会わせる〉で述べるような形でみんなに協力してもらう、採用イベントを企画したら〈その三十　感じのいい人ね〉で述べることを参考に周囲に協力する、といったことは、ぜひ意識していただきたいのです。

〈その十　一人より二人に〉で述べる展開が理解できれば、採用の話は契約へのアプローチになることも理解できると思います。ぜひ、そのことも頭に入れ、大いに採用活動に取り組んでいただきたいと思います。

その九　〈できること〉をしてから言うべき

採用できるできないはともかく、
「一緒に働きませんか？」ぐらいなら、言えるでしょう？
断りを克服できるかどうかはともかく、
「奥さんは感じがいいから、大丈夫ですよ」ぐらいなら、言えるでしょう？
「採用が難しい」とか「私にはできない」という言葉は、
〈できること〉をしてから言うべきだと思うのですが、いかがでしょう？

『失敗したらどうしよう』などと考えるから、「採用は難しい」とか「私にはできない」と言ってしまうのです。これから出る結果なんて、誰にも分かるわけがありません。だから、出てもいない結果に臆病にならず、〈ターゲットを見つけて足しげく通う〉といった〈やるべきこと〉を、コツコツやり続ければ良いのです。なぜなら、営業の世界には〈人は会った回数に比例して親しくなる〉という法則があり、コツコツ足しげく通えば、間違いなく「一緒に働きませんか？」と言いやすい状況が生まれるからです。

とは言え、私たち人間は相手の態度・言葉遣い・服装などから受けた印象で、その人を評価する傾向にあります。もっとも、評価と言ってもその基準は『オドオドしているから頼りない人なんだろうな』『声が小さいから自信がないんだろうな』『服装がだらしないから大した人じゃないな』といった程度のことですが、こういった先入観がその後の展開を左右することになるわけです。

そういった意味で、態度・言葉遣い・服装に対する意識度を高め、多くの人に足しげく訪問するといった、まさに意識すれば誰でも〈できること〉を、大いに実践していただきたいと思います。

その十　一人より二人に

一人より二人に、二人より五人に声をかける方が、
間違いなく、多くの人が採用できます。

自分の感性で『感じが良い』と思った人には、必ず「今、うちの会社、奥さんのような感じの良い人を募集しているのです」と言ってみてください。当然、「保険の仕事？　私にはできない」といった断りを受けると思います。でも、勝負はまさにここから、そこで「じゃあ奥さん、○○万円（年金保険の総保険料）払い込んで□□万円（年金総受取額）返ってくる貯金があったら、損だと思いますか？　得だと思いますか？」「5000円から入れると

したら、入りやすいですか？　入りにくいですか？」と言って、それぞれ「得」と「入りやすい」という答えを引き出し、「そうでしょう。それで一件決まったじゃないですか。これは○○生命の貯蓄商品なのです。保険屋さんが難しければ貯金屋さんになれば良いのです」とつなぐのです。

もちろん、この展開を図ったからと言って、必ず採用できるとは言えません。でも、面白いのは、この展開を図って次の断りを受ける時、「あの貯金に入るから仕事の話はあきらめてよ」といったことになりやすく（「あの貯金に入るから」と言われなかった場合は、「これもご縁です。先日お得と言ってみえたあの貯金、この機会にいかがですか？」と言って、クロージング段階に入っていきます）、且つ年金保険の契約後、家族の証券引き出しができれば、主力保険もいただきやすい状況が生まれる、ということです。

そういった意味で、採用の話は〈契約へのアプローチ〉にもなると理解して、一人より二人といった具合に、より多くの人にこのような展開を図っていただければと思います（契約時には保険と貯金の違いを説明してください）。

その十一　縁をたどれば

Aさんは Bさんを知っている。
Bさんは Cさんを知っている。でも、Aさんは Cさんを知らない。
Cさんは Dさんを知っている。でも、Aさんと Bさんは Dさんを知らない。
いたる所にこういった人間関係の図式があります。
採用できなかった人の後ろにも、
縁をたどれば、出会える人がいっぱいいるのです。

セールスの極意は、「人脈の入り口を見つけ、人脈の糸を切らないようにたぐり寄せること」と言います。つまり、採用にしても契約にしても、『この人が駄目だったら行く所がなくなる』『契約をとるたびに行く所が減る』と考えるのではなく、『仮に断りを受けても、この人から人脈の輪を広げよう』『人に好かれれば好かれるほど協力者が増えるのだから、契約をいただいても断りを受けてもお付き合いは大切にしよう』と考えて、私たちは展開を図るべきなのです。

では、どのようにして〈人脈の糸〉を手繰り寄せれば良いのでしょう？　基本的には、断りを受けた人を含めた多くの人と余計な話（世間話）に花を咲かせ、良い雰囲気を作った上で紹介の依頼をする、といった展開を図れば良いわけですが、一番手っとり早いのは、経験上、イベントを企画して「友だちと一緒に参加してください」といった呼びかけをすることです。そういった意味で、ぜひ〈その三十一　イベントの答え〉で述べることも視野に入れ、展開していただければと思います。

なお、親戚・友人知人・既契約者・見込み客・後援者の中で『話しやすい』と思う人は、すでに〈人脈の入り口〉ということも、頭に入れておいてください。

その十二　断り

口にこそ出しませんが、
「貴女と一緒に仕事をしたくありません」という断りは、
私たちが思う以上にたくさんあります。

もしみなさんが、「おいしいケーキ屋さんがあるから、一度一緒に食べに行きませんか？」と、〈見ず知らずの人〉〈嫌いな人〉〈仲の良い人〉といった三人の人から誘われたら、それぞれの人に対してどのような反応を示しますか？　当然、〈仲の良い人〉なら「ありがとう。じゃあ、いつ行こうか」ということになるでしょうが、他の二人ならどうでしょう？

〈見ず知らずの人〉なら『何なの、この人!?』、〈嫌いな人〉なら『何か魂胆でもあるのかしら?』と思うのではありませんか? 同じことを言われても、相手によってこんなにも受け止め方が違うのです。

そこで考えていただきたいのが、相手に『何なの、この人!?』とか『何か魂胆でもあるのかしら?』と思わせるような状況の中で、もし採用の話をしていたとしたら、一体、どういう結果が出るのか、ということです。

私たち人間には『理論理屈で納得したい』という部分があります。でも、それ以上に、〈気分で結論を出す〉という部分があるのです。したがって、相手に『何なの、この人!?』とか『何か魂胆でもあるのかしら』と思わせては、クロージングできる確率は、きわめて低いと知っていなければなりません。

そういった意味で、相手に良い印象を与えるコツは〈ニコニコ・ハキハキ・テキパキ〉、余計な話に花を咲かせるコツは〈目を見て聞く〉〈うなずきながら聞く〉〈相づちを打ちながら聞く〉と理解して、多くの人に溶け込みを図っていただきたいと思います。

その十三　採用する気のない人ほど

採用する気のない人ほど、
採用を失敗した人に「ほらごらん」などと言います。
一言励ましてあげればいいのに…。

職場の雰囲気は、そこに集まった人たちの〈態度〉や〈言葉〉によって作られます。当然、前向きな〈態度〉や〈言葉〉は職場の雰囲気を盛り上げ、後ろ向きな〈態度〉や〈言葉〉は士気を低下させます。そういった意味で、もし採用が苦手だとしても、職場の雰囲気を盛り上げる前向きな〈態度〉や〈言葉〉は、ぜひお互いに意識していただきたいのです。

時々、「採用には関心がない」などと言って、採用活動を否定する人がいると聞きます。言っている本人は大きな問題と思っていないでしょうが、実はとても大きな問題なのです。なぜなら、そういうことを誰かが言うと、必ず「○○さんが言ってるから私も…」と言う人が現れ、悪い意味で〈環境が人を育てる〉〈環境が仕事をさせる〉という鉄則通りの状況を作り、結果的に会社の業務を妨害することになるからです。

私たち人間は、〈触れられたくないもの〉に触れられると攻撃的になります。もし触れられたくないものが〈採用の話〉だったとしたら、会社の方針を打ち出すごとに摩擦が起こることになります。

組織の方針に準じるから組織人だと思うのですが、いかがですか？ とするなら、その展開を促進するために、協力し合ったり励まし合うのは当然だと思うのですが、いかがでしょう？

この機会に一度、〈何をすれば良いのか？〉〈何から始めれば良いのか？〉といったことを、ぜひ再確認していただきたいと思います。

その十四　十分の一の力でも

人の批判は、
　その人の十分の一の力でもできます。
でも、その人以上の器がないと、
　人をほめたり励ますことはできません。

基本的に、批判は結果論です。つまり、批判とは何らかの結果を自分のフィルターで推し量る行為で、往々にして無責任な内容が多いと言いたいわけです。
もっとも、草野球の選手がプロ野球の選手を批判したりするのはほほえましくもありますが、職場での同僚への批判は考えもので、特に積極的に採用活動に取り組む人への採用に消極的な人の批判は、自分を正当化する言い訳であることが多く、いろいろな弊害を生むことが多々あります。

みなさんの会社が事業の縮小や販売形態の変更を予定しているならともかく、陣容の減少は〈市場の減少〉と〈会社の体力の衰え〉を意味することは、先刻承知のはずです。とするなら、採用に積極的に取り組む人ほど、周囲からエールを送られて当たり前だと思うのですが、いかがでしょう?

「言葉は人格を現す」と言います。「子供は親の作った環境(家庭環境)の中で習慣を身につける」とも言います。ということは、私たちの何気ない普段の言動が、間違いなく私たちの育った環境と人格を現していると言えるわけです。

ぜひ、こういったことをよく頭に入れ、自分自身の人格を高めるためにも、職場の雰囲気を高めるためにも、仮に採用が苦手であっても、頑張っている人にエールを送れるみなさんであっていただきたいと思います。

その十五　方法がない？

〈方法〉がないのではありません。
〈工夫する気持ち〉がないのです。

「人は十人十色」と言います。したがって、やるべき一律の基本はあっても、相手によって切り口を変える必要があるわけですが、現実は何の工夫もせず、いつも同じ展開を図って断りばかり受け、「私には力がない」「やりようがない」といったことを言う人が、とても多いように思われます。

そこで頭に入れていただきたいのが、「断りはセールスマンに進むべき道を示す道しるべ」

ということです。つまり、プラン提示して「保険料が高い」という断りを受けたら『どうすれば安くできるだろう?』、「義理のあるセールスマンがいる」という断りを受けたら『どうすればそれ以上の義理が作れるだろう?』と考えれば、まさに〈断り〉を受けることによって、より具体的な展開が工夫できると言いたいわけです。

当然、採用についても同じことが言えます。では、採用の断りを受けた場合、どのような展開を図れば良いのでしょう?

採用の場合、「保険の仕事? 私にはできない」「主人が反対するから」「子供が小さいから」といった断りが多いと思いますが、「私にはできない」という断りなら、〈その二十二　愚痴を聞き出したら〉で述べることを視野に入れ、〈その十一　一人より二人に〉で述べた展開を試してみてはどうでしょう。また、「主人が反対するから」「子供が小さいから」といった断りの場合は、一番説得力があるのはそのターゲットと同じ状況を乗り越えた人の言葉と言えます。そういった意味で、〈その二十四　会わせる〉で述べることを参考に、展開を図っていただければと思います。

その十六　能力の問題ではなく…

採用は〈能力〉の問題ではありません。
〈会社への思い〉と〈勇気〉の問題です。

著者は営業職員の頃から、「余計な話ができれば保険の仕事はできる」と言い続けています。なぜなら、余計な話でも花が咲けば良い人間関係が生まれ、プラン提示やクロージングがきわめてやりやすくなるからです。

とは言え、私たちの周りには「私は余計な話ならどれだけでもできるのですが、肝心のことが言えないから駄目なのです」などと言って、結果が出せないことを正当化する人がいます。でもそれは、〈余計な話〉が問題なのではなく、余計な話に花を咲かせっぱなしにするところに問題があると思うのですが、いかがでしょう？

余計な話で良い雰囲気を作り、「なんだか○○さんの人柄につけ込むようで申し訳ないのですが、ちょっとお教えいただけませんか？　○○さんはどのような保険にお入りですか？　奥様は？　お子様は？」と完全情報（家族全体の情報）を収集すれば、次の訪問でプラン提示ができます（〈その三十八　育成1〉参照）。余計な話で良い雰囲気を作り、「今、うちの会社、貴方のような感じの良い人を募集しているのです」といった展開を図れば、採用の話につながります（〈その十　一人より二人に〉〈その二十三　一回のお誘いで〉参照）。こういったことが理解できれば、私たちの仕事に必要なのは〈特別な能力〉ではなく、『やるべきことをやろう』という〈組織人としての自覚〉と、行動に移す〈ちょっとした勇気〉と気づくのではありませんか？

『自分たちの会社をもっと良くしよう』と考えれば、自然に〈自覚〉と〈勇気〉が生まれます。ぜひそのような目線で、これからの展開を図っていただきたいと思います。

その十七　チャンスの貯金

努力の貯金はできても、
チャンスの貯金はできません。

すばらしいプレーをしたスポーツ選手が、よくインタビューで「自然に体が動きました」などと言います。また、スポーツ番組の解説者は、選手のそういった言葉を受けて、「練習（稽古や努力）の貯金が充分あるということですね」といったことを言います。では、こういった〈練習の貯金〉は、スポーツの世界だけにある特殊なものなのでしょうか？

ところで、みなさんは何の理論的な裏付けもないのに、『今がチャンス』と直感した経験はありませんか？　無意識に状況を察知して保険の話につないだ、といった経験はありませんか？　こういったことが、まさに〈練習の貯金〉なのです。

当然、こういった〈貯金〉は、ある日突然できるものではありません。『チャンス』と直感したり無意識に状況を察知するのは一種の条件反射。つまり、その人の習慣性の部分で、日々〈やるべきこと〉を繰り返し行ったからこそ備わったものなのです。

とは言え、その貯金も〈使うチャンス〉がなければ使えません。では、〈チャンスの貯金〉はできないのでしょうか？　「チャンスは目の前にある時しか掴めない」と言うように、残念ながら〈チャンスの貯金〉はできません。でも、ぜひ知っていただきたいのは、〈チャンスは意図して作ることができる〉ということです。つまり、〔愚痴を言わせて採用の話につなぐ（〈その二十二　愚痴を聞き出したら〉参照）〕〔ティーアップ（持ち上げる＝ほめるということ）して話しやすい状況を作る（その十九　最高のプレゼント〉参照）〕といった具合にです。ぜひ、普段を大切に〈努力の貯金〉を蓄え、意図してその貯金が使える状況を作っていただきたいと思います。

その十八　一度、会ってみてよ

普段から「うちの所長（あるいは組織長）、すごい人なの」といった言い方をしていると、自分でクロージング（説得）できなくても、「一度、うちの所長に会ってみてよ」と言って、上司をクロージングの武器にすることができます。

相手の〈気持ち〉と〈都合〉を考えなければ、『一緒に働きたい』と思う人は、案外、周囲にたくさんいると思うのですが、いかがでしょう？　また、そういう人たちと余計な話に花を咲かせることができれば、まさにここで述べた展開が役立つと思うのですが、いかがでしょう?

「意志あれば道あり」と言います。要するに、『採用しよう』という気持ちさえあれば、仮に『自分には力がない』『自信がない』と思っても、いろいろ方法が工夫できると言いたいわけです。

そこで、ここで述べた展開を図るについて、あらかじめ頭に入れていただきたいのは、「〈武器にする人(機関長や組織長)〉を普段からティーアップするのがポイントである」ということです。なぜなら、普段から「すばらしい人」と言っていれば、そういった先入観でターゲットは武器になる人の話を聞き、クロージングしやすくなるからです。

時々、人前で「うちの所長は頼りないの」などと言う人を見かけますが、そういったことを言っていると、相手は『この人が頼りない所長か』という目で話を聞き、所長がどれだけ良い話をしてもクロージングしづらくなります。ぜひ、こういったことも頭に入れ、上司を武器として活用できる状況を作っていただきたいと思います。

その十九　最高のプレゼント

ほめ言葉は最高のプレゼントです。

だから、「今日の朝礼で、私たちの周りに感じの良い人がいたら、『一緒に働きませんか？　と声をかけてください』

という話があったのです。

その話を聞いて、奥さんの顔が一番に浮かんだものですから」

といったトークは、とても効果的なのです。


多くの人と良い人間関係を作ろうとする際、私たちセールスマン（セールスレディ）はデール・カーネギーの言う〈人は自分に関心を示す人に関心を示す〉という法則に準じた展開を図るべき、と言われます。

では、〈人は自分に関心を示す人に関心を示す〉というのは、どのような法則なのでしょう？　誰だって自分に良い意味で関心を示す人にはこちらもその人に良い意味で関心を示し、悪い意味で関心を示す人には悪い意味で関心を示すと思うのですが、いかがですか？　つまり、このことを言ってるわけです。

したがって、私たちは多くの人に良い意味で関心を示す必要があるわけですが、知っていただきたいのは、〈ほめ言葉〉は相手に良い意味で関心を示す最も簡単、且つ最高の方法であるということです。

当然、それに敬語が加われば、さらに良い意味で関心を示すことになります。こういった、まさに〈ちょっとしたこと〉が状況作りを促進すると理解して、大いに意識して実践していただきたいと思います（〈その一　何か良い仕事はないかなぁ〉で述べた展開から導入を図るのも方法です）。

その二十　この仕事は大変

人前で「この仕事は大変」などと言っていると、『私もやってみよう』とは、誰も思ってくれません。

「この仕事は大変」と聞いて、『私もその仕事をやってみたい』と思う人は、まずいません。ということは、悪気がなくても人前で〈仕事の愚痴や不満〉を言うのは、無意識に悪い種を蒔いているということなのです。

そこで知っていただきたいのが、採用にせよ契約にせよ、私たちの成功は、すべて「人間の行動意欲は価値観を刺激することによって生まれる」という法則の実現にかかっている、ということです。

ご承知のように、行動意欲とは『○○生命で頑張ってみよう』『あのセールスマン（セールスレディ）に勧められた保険に入ろう』といったことを含めた『あんなことをしよう』『こんなことをしよう』といったことです。したがって、私たちの仕事は〈相手の価値観を刺激すること〉とも言えるわけです。

では、私たち人間の価値観とは、一体、どういったものなのでしょう？　形はいろいろありますが、突き詰めればたった二つ。一つは〈好き〉か〈嫌い〉か、もう一つは〈損（不満）〉か〈得（満足）〉かです。つまり、〈この人ならば（好き）〉とか〈この仕事ならば〉という印象をまず与え、その上で〈メリット（得）〉や〈やり甲斐（満足）〉を理解させれば良い、ということです。

「禍（わざわい）を成して福を求む（悪い結果が出るようなことをして良い結果を望む、という意味）」という言葉がありますが、こういったことが理解できると、人前で言う〈仕事の愚痴や不満〉の持つ意味も、分かるのではありませんか？

その二十一　採用のポイント

相手が『この人となら一緒にやっていけそう』『この仕事なら夢が叶えられそう』と思えば、採用は決まります。

前項の〈その二十　この仕事は大変〉で、『保険の仕事をしよう』といった行動意欲は相手の価値観（〈得〉と〈好き〉）を刺激しなければ生まれない、ということは、ご理解いただけたと思います。

そこで、この項ではさらに踏み込んで、「採用のポイントは〈夢〉と〈安心〉を与えること」と、ぜひ頭に入れていただきたいのです。なぜなら、『夢が叶うかも知れない』という思いは、その人にとっての〈得〉を意味し、『この人となら一緒にやっていけそう』といった安心感は、こちらに対する〈好き〉を意味するからです。

では、どのようにして〈夢〉と〈安心〉を与えれば良いのでしょう？〈安心〉を与える展開については、基本的には〈その十九　最高のプレゼント〉や〈その二十三　一回のお誘いで〉で述べた展開を図り、良い印象を与える作業を繰り返していただけば結構です。また、〈夢〉を与える展開については、まず〈その二十二　愚痴を聞き出したら〉で述べる展開を図り、あらかじめ〈相手の叶えたいこと〉を聞き出し、その上で〈その十一　一人より二人に〉で述べた貯金屋さんや収入の話をしながら、まさに『この仕事ならやれそう』『夢が叶えられそう』といった印象を、同時に与えるようにすれば良いわけです。

ただし、人は『自分に対する配慮が足りない』と思った時、相手に対して不満や不信感を持ちます。そういった意味で、〈態度〉〈言葉遣い〉〈服装〉には、くれぐれも意識度を高めていただきたいと思います。

その二十二　愚痴を聞き出したら

相手から「子供の教育費が大変」「オシャレもできない」、といった愚痴を聞き出したら、

「それを本気にするわけではありませんが、今、うちの会社、貴女のような感じの良い人を募集しているのです」

と、言ってみてください。

案外、「一緒に働きましょうよ」といったトークにつながるものです。

『生活費があと五万円あればなぁ』『パートでは保障がないし』と思っている人はたくさんいます。ということは、意図して「いつも優雅で○○さんがうらやましいわ」とか「お子さんも進学されて、これからが楽しみですね」といったことを言えば、「とんでもない、大変なのよ」といった返事が返ってきやすいわけですから、まさに「嘘でしょう？　それを本気にするわけではありませんが…」と展開するチャンスが、いたる所にあるということです。

「ニードを喚起した時がクロージングする時」と言いますが、採用の場合は「愚痴をこぼした時が話を切り出すチャンス」と言えます。一生懸命頑張っているパートタイマーや訪問販売をしている人に、「貴女は本当に頑張り屋さんね。これだけ頑張っているんだから、きっと待遇もいいんでしょうね？」と言えば、「とんでもない。何の保障もないし大変なのよ」といった返事が返ってきやすいと思いませんか？　主婦に「ご主人がしっかりした会社にお勤めですから、安心ですよね」と言えば、「とんでもない。いつリストラされるか分からないんだから」といった返事が返ってきやすいと思いませんか？　意識さえすれば、採用の話をするチャンスは、まさにいたる所にあるということです。

その二十三　一回のお誘いで

一回のお誘いで採用できる人なんて、まずいません。
一回の断りであきらめるから、採用できないのです。

著者が職員時代に行った採用活動は、『一緒に働きたい』と思う人や軒並み訪問などで見つけた〈感じの良い人〉に対する、「今日は暑いですね」といった感じの、話のきっかけを作る作業から始まります。

当然のことながら、採用の話をしなければ断りは受けません。そういった意味で、著者は断りを受けにくい溶け込み段階では〈良い印象を与えること〉がとても大切と考え、勇気を出して「このお花、奥さんが生けたのですか？　お上手ですね」といった言い方を意識して、いつでも採用の話につなげられる状況を作る努力をしました。

その上で、頃合いをみて「今、うちの会社、奥さんのような感じの良い人を募集しているのです…」といった展開を図ったわけですが、この段階で採用が決まった例は、著者の場合、ほとんどありません。そこで、〈その十　一人より二人に〉で述べたような感じで軽くクロージングし、それで駄目なら話題を変えて〈その十八　一度、会ってみてよ〉で述べた展開につなぐ、あるいは〈その三十　感じのいい人ね〉で述べる目線でイベントを活用し、流れを作ったわけです。

相手に良い先入観を植えつけ、且つ〈親しく話ができる雰囲気〉を作れば、何度断りを受けても採用の話ができます。というより、断りを受けても人間関係さえ損なわなければ、〈その十一　縁をたどれば〉のような展開も図れ、〈採用ターゲット〉にも〈契約ターゲット〉にも困らない、といった状況が作れるのです。ぜひ、そのことも頭に入れ、これからの展開を図っていただきたいと思います。

その二十四　会わせる

ご主人に反対されている人がいたら、
　〈ご主人の反対を乗り越えて入社した職員〉に会わせてください。
子供が小さくて悩んでいる人がいたら、
　〈子供が小さくても頑張っている職員〉に会わせてください。
きっと、誰よりも適切なアドバイスを、
　してくれるはずです。

保険の仕事をするについての〈悩み〉や〈問題〉を持っている人には、その人と同じ悩みや問題を克服した人のアドバイスが一番です。とは言え、子供が小さくても、誰かに見てもらえる人がいれば、そうでない人もいます。ご主人の反対にしても、それぞれ程度の違いがあるはずです。そういった意味で、ここで述べた展開は、短絡的に『会わせれば良い』というのではなく、さらに一歩踏み込んで、『相手の状況を一緒に整えてあげよう』という目線で実施していただきたいのです。

多くの人が「保険の仕事は難しい」「私にはできない」と言います。こういった現実を考えれば、私たちに〈悩み〉や〈問題〉を言ってくれる人は、間違いなく見込み度の高いターゲットと言え、だからこそ『一緒に状況を整えよう』という考え方が必要になるわけです。

そのように考えることができれば、『一緒にご主人を説得しよう』という気にもなると思うのですが、いかがですか？　子供を見てくれる人がいなければ、『一度保育園にあたってみよう』という気にもなると思うのですが、いかがですか？　もちろん、そうしたからといってすべてが解決するとは思いません。でも、間違いなく信頼感が生まれ、少しずつでも状況が整っていくと思うのですが、いかがでしょう？

その二十五　〈やるべきこと〉が分かっていれば

〈やるべきこと〉が分かっていれば、
〈やれること〉が見えてきます。
〈やれること〉さえしないのは、
〈やるべきこと〉が分かっていないからです。

ここで言う〈やるべきこと〉とは採用のことです。では、〈やれること〉とは何でしょう？　人によって差はあるでしょうが、基本的には〈ターゲットを見つける〉〈足を運ぶ（会う）〉〈話しかける〉といった、まさに意識すれば誰でもできることです。

当然、見つけるターゲットは、あくまでもこちらの主観で、〈その十八　一度、会ってみてよ〉で述べたように相手の意思や都合に関係なく、私たちが『この人ならば』と思ったら、『私にはできない』と思っている人もターゲットということです。とするなら、採用できるできないはともかく、ターゲットを見つけるだけなら誰だってできると思うのですが、いかがでしょう？

こういう言い方をすると、『そんな馬鹿な』と思うかも知れません。でも、そういう人でも足しげく通えば〈足を運んだ回数（会う回数）〉に比例して親しくなり（同化相乗の法則＝人は会った回数に比例して親しくなる）、〈その十　一人より二人に〉〈その二十三　一回のお誘いで〉で述べたような展開（人間関係を作って採用にも契約にもブリッジをかける展開）がやりやすくなるのは、間違いのない事実なのです。

採用する気さえあれば、いろいろな展開につなぐことができます。ぜひ本書で、その〈いろいろな展開〉を見つけ、それにつなぐべく、〈やれること〉をやり続けていただきたいと思います。

その二十六　お願い

「お願い」と言って採用するから、
「お願い」と言わないと仕事をしないのです。

外見で人を判断するのは問題ですが、見るからに〈後ろ向きな人〉や〈やる気がなさそうな人〉を採用するより、〈前向きな人〉や〈やる気がありそうな人〉を採用した方が良いと思うのですが、いかがでしょう？　もし同意していただけるなら、ぜひ『そういう人を見つけよう』と意識していただきたいのです。

ある日、某社の優績組織長のOさんと採用談義に花を咲かせた際、何気なくO組織長が、

「私は〈あの人と一緒に仕事がしたい〉と思う人を採用するのです。というより、〈この人を採用したい〉と思うと、つい〈今どこかにお勤めなの?〉とか〈私と一緒にお仕事しない?〉といったことを、口癖のように言ってしまうのです」と言ってみえました。この言葉を聞いて、『なるほど』と著者は思ったのですが、みなさんはいかがですか?

採用に行き詰まると、つい『どこかにブラブラしている人はいないかな?』といった目線で周囲を見たりします。でも、そういう人を採用すると、往々にして入社してからもブラブラするものです。苦しくなると、『いい加減な人でもいいからいないかな?』といった気持ちになったりもします。でも、そういう人を採用すると、往々にしていい加減な仕事をするものなのです。

私たちの仕事は、人の人生に関わる大きな責任のある仕事です。そういった意味で、まず『この人と仕事がしたい』と思う人を見つけ、O組織長のように「今どこかにお勤めなの?」「私と一緒にお仕事しない?」といった展開を繰り返し、ぜひ習慣にまで高めていただきたいと思います。

その二十七　人柄

人柄の良い人を採用したければ、
まず、自分の人柄を良くすることです。

当然のことながら、いい加減な人を採用すればいい加減な職場になります。摩擦の多い人を採用すれば摩擦の多い職場になります。そういった意味で、『できる限り〈人柄〉にこだわって採用したい』と思うのですが、いかがでしょう?

もっとも、「環境が人を育てる」と言うのですから、環境(職場の雰囲気)が整っていれば、〈いい加減な人〉や〈摩擦の多い人〉を採用しても、きっと先輩と同じような人柄の良い人に育っていくと思いますが、残念ながら、現実は整っていない環境に〈いい加減な人〉や〈摩擦の多い人〉が加わり、さらに環境を悪化させている組織が多いように思われます。「組織の雰囲気はそこに集まった人たちの人格の現れ」と言います。また、「人格はその人の特に〈態度〉と〈言葉〉に出る」とも言います。とするなら、〈環境を整える〉という意味からも、〈類は友を呼ぶ〉という意味からも、まず採用する側の私たちが〈態度〉や〈言葉〉に対する意識度を高め、人柄を高める努力をする必要があると思うのですが、いかがでしょう？

もちろん、「人柄を整えたから採用できる」というわけではありません。でも、間違いなく言えるのは、そうすることによって多くの人に受け入れてもらいやすくなり、その分、話がしやすい状況も作りやすくなるということです。のみならず、そういう人たちが作る環境〈職場〉なら新人も育ちやすく、間違いなく陣容拡充が促進すると思うのですが、いかがでしょう？　ぜひ、こういったことも頭に入れ、言葉や態度に対する意識度を、普段から大いに高めていただきたいと思います。

その二十八　挑戦する価値

自信のないことでも、
『挑戦する価値がある』と判断すると、
多くの人は行動を決意します。

『これなら私にもできる』と考えて結論を出す人がいれば、『挑戦する価値がある』と考えて結論を出す人もいます。どちらが良いとか悪いとかはともかく、間違いなく言えるのは、『挑戦する価値がある』と考えて仕事を選んだ人の方が、積極的、且つ持続性のある展開を図る傾向にあるということです。

このことが理解できれば、「研修だけでいいから」とか「都合の悪い時は休んでいいから」といった言い方で誘うより、「できるできないはともかく、毎月○件の契約を目指そうよ。そうすれば貴女の一年後のお給料は□□万円ぐらいになるから、貴女の力で△△（家のローンの捻出など）が実現できるじゃない。後は〈貴女の頑張り〉と〈私たちがどれだけ応援できるか〉の問題ね」といった展開を図った方が良いことも、ご理解いただけると思うのですが、いかがでしょう？

最近はフルタイマー以上の仕事をしているパートタイマーがたくさんいます。そういう人たちは、きっと福利厚生や社会保障に魅力を感じると思うのですが、いかがですか？

在庫というリスクを抱えて物品販売をしている人もたくさんいます。そういう人たちは、きっと在庫もなく能力給のある仕事に魅力を感じると思うのですが、いかがですか？

「不景気で大変」「採用は難しい」と嘆く前に、一度このあたりで、私たちの仕事の魅力を再認識し、みんなで〈多くの人に何を訴えれば良いのか？〉といったことを話し合うのも、意味があるのではないでしょうか。

その二十九　出発点

採用する方法はたくさんあります。
でも、それらはすべて、
『採用しよう！』という思いがなければ役に立ちません。

精神論ですべての問題が解決するとは思いません。でも、知っておくべきなのは、言い訳の出発点は『自分を正当化しよう』という〈思い〉であり、契約の出発点は『契約をとろう』という〈思い〉である、つまり、「私たちの行動に方向性を与えているのは、間違いなく〈精神的な部分〉である」ということです（持続性や積極性も思いに左右されます）。

確かに、方法論もなく「やる気があれば何でもできる！」「何ごとも気持ちの問題だ！」といった言い方をされると、「精神論なんて古い」と言いたくもなりますが、〈能力は思いに反応する〉〈すべての行動は思いから始まる〉〈結果は念の集積〉〈やる気のある者は方法をさがし、やる気のない者は言い訳をさがす〉といった言葉の意味を考えると、精神論の価値も、少しは分かってくるように思うのですが、いかがでしょう？

心理学は「その言葉を言ったがために起こる心理状態がある」「その態度をとったがために起こる心理状態がある」と、私たちに教えてくれています。つまり、〈思い（精神的な部分）〉と〈言葉〉や〈態度（あるいは行動）〉は、きわめて密接なつながりがあるということなのです。

すべての行動の出発点は、間違いなく『そうしよう』という〈思い〉です。また、出る結果の差は、間違いなく〈その思いの強弱〉によって決まります。そういった意味で、出てもいない結果を考えて思いわずらう前に、ぜひ『採用しよう！』『陣容を拡充しよう！』という〈思い〉を持って、採用に向けた一歩を踏み出していただきたいと思います。

その三十　感じのいい人ね

誰の採用ターゲットにも、
「こんにちは、貴女が○○さん？
噂どおり感じのいい方ですね」と、
みんなが挨拶できれば、
間違いなく、
組織ぐるみでもっと効率の良い展開が図れます。

〈その十九　最高のプレゼント〉で述べたように、人は自分に対して良い意味で関心を示す人には、こちらもその人に良い意味で関心を示す傾向にあります。したがって、採用も契約も、これがアプローチ（相手に聞く耳を持たせるための作業）の極意、つまり、「多くの人に良い意味で関心を示せば、採用見込み者（あるいは見込み客）がたくさんできる」と理解して、展開する必要があると言えるわけです。

当然、採用活動は、一人ひとりがそれぞれのターゲットにアプローチするところから始まります。でも、その際、もし一人より二人、二人より五人といった具合に、ターゲットに対して多くの人（職員）が良い意味で関心を示すことができれば、間違いなく『この人たちとなら一緒にやっていけそう』と思う確率が高くなり、その程度に比例してクロージングしやすくなると言えます。そう考えると、ターゲットをみんなで迎える〈営業所の見学会〉も、大きな意味があると思うのですが、いかがでしょう？　さらに多くのターゲットの参加を呼びかけるイベントなら、もっと意味があると思うのですが、いかがでしょう？

そういった意味で、全員が一丸となって「貴女が○○さん？　噂どおり感じのいい方ですね」といった展開を図るべく、採用イベントにも目を向けていただければと思います。

その三十一　採用イベントの答え

採用イベントの答えは、
　イベントの中にはありません。
イベントを使ってどのように採用につなぐのか、
　というところにあります。
だから、イベント後の展開を考えずに行うイベントは、
　本当はイベントと言えないのです。

イベントには〈客寄せ（人集め）〉の意味もあります。したがって、内容にこだわる必要

もありますが、どれだけ人を集めても、採用や契約につなぐことができなければ、そのイベントは失敗と言わなければなりません。

では、イベントの中で積極的に売り込めば良いのでしょうか？　決してそうではありません。それができる状況ならともかく、そんなことをすれば〈売り込めばお客は逃げる〉の世界を作り、多くの人に警戒心を抱かせることになるからです。

ご承知のように、イベントは独特な雰囲気を作ると同時に、みんなが協力しやすい状況をも作り、まさに〈その三十　感じのいい人ね〉で述べた展開が、きわめて図りやすいと言えます。

そういった意味で、これからはイベントを〈クロージングしやすい状況を作るための武器〉と位置づけ、必ずイベント後三日以内に訪問して、「昨日はお疲れ様、どうだった？　ところで、貴女の評判、とても良かったのよ。みんなが〈貴女のような人と一緒に仕事がしたい〉と言ってるの。だから、一度保険の仕事、考えてみてよ」といった展開につなぐ、といった申し合わせをして、実施していただきたいと思います。

その三十二　組織とは

組織とは、
　一つの方向性を持って機能する集団のことを言います。
方向性を持たず、
　まとまりのない集団のことを烏合の衆と言います。

手前味噌ですが、著者は新人の頃、所長の指示に従い、採用の意味も知らずに入社一ケ月目に一人の採用に成功しました。当然、所長はとても喜んでくれたのですが、「所長に踊らされて馬鹿ね。採用すると後が大変なのよ」と親切（？）に忠告してくれる先輩が現れ、その後もことあるごとに、新人たちに「和谷さんに騙されたの?」「大変な世界に引き込まれたね」などと言って、育成にとても協力(?)してくれました。

そこで、徹底して組織で話し合ったのが、「私たちは組織人である」ということです。つまり、「組織とは一つの方向性を持って機能する集団である(会社の方針に沿って機能する)」「私たちのお給料に固定部分がある以上、会社に拘束される時間があって当たり前である(朝礼や会社の行事は必ず参加する)」といった道理を話し合い、「〈やるべきこと〉を理解して〈やれること〉から始める」といった考え方を、組織に徹底させたわけです。

その親切な先輩は、著者が「そういうことを新人に言わないで欲しい」とお願いすると、「意見を言ってるのだからいいじゃない」と一言。確かに、意見なのかも知れませんが、そういう意見で組織(会社)が活性化されるとは思えません。

育成しやすい環境を作るためにも、お互いの志気を高めるためにも、組織(会社)が目指していることをよく理解して、その実現に向けた展開が促進するような雰囲気を、ぜひみんなで作っていただきたいと思います。

その三十三　一緒に勉強したら？

採用が決まったら、
必ず「友だちを誘って一緒に勉強したら？」
と言ってください。
なぜなら、
新人が新人を採用することが、とても多いからです。

採用が決まると、著者は必ず二つのことをその新人に言いました。その一つが、まさにここで述べたことですが、中には二人の友だちを誘って研修に入り、その友だちの一人が翌月、さらに二人の友だちを誘うといったこともありました。

著者は組織長の頃、こういったことを所属員にも意識させ、きわめて効率の良い採用活動を実現したわけですが、この展開を支えていたのが、必ず新人に言ったもう一つの言葉です。

では、どういったことを言ったのでしょう？　「ところで○○さん（採用が決まったばかりの新人）、私はお給料以外のお給料（組織長手当）ももらっているんだけど、○○さんもそれに挑戦しない？」と言ったのです。つまり、採用された時点で組織長という目標を持たせ、「じゃあ、○○さんも自分のチームを作ろうよ。みんなで応援するから」と言って、〈その十一　縁をたどれば〉で述べたような目線を持たせて研修中にリストアップさせ、入社後、具体的に〈その三十八　育成1〉〈その三十九　育成2〉〈その四十一　育成・4〉で述べるようなことを指導したわけです。

ご承知のように、『挑戦する価値がある』と思って採用された新人は、積極性と持続性を兼ね備えた展開を図ります。ぜひこういったことも頭に入れ、陣容拡充に取り組んでいただきたいと思います。

その三十四　育成は難しい

「研修だけでいいから」と言って採用しておきながら、研修だけで辞めてしまうと、「育成は難しい」などと言います。
そうなって当たり前のことをしていながら……。

登録前の研修を担当している某社のトレーナーが、その月の研修生全員に自己紹介をさせたところ、「私は〈研修だけでいいから〉と言われて来ましたので、みなさんと仕事をすることはありませんが、どうぞよろしくお願いします」と言った人がいたと、こぼしていました。

これとよく似た話をいろいろな所で聞きますが、私たちが真剣に考えなければいけないのは、こういう挨拶を目の当たりにした他の研修生が、一体、何を思うか、ということです。少なくとも、『頑張るぞ！』という気にはならないと思うのですが、いかがでしょう？

育成できるかどうかは採用した時点である程度読めます。というより、「研修だけでいいから」と言われて採用された新人には、アドバイスに耳を傾ける気も行動を起こす気もないのですから、元々、育成できる可能性がきわめて低いわけです。もっとも、お願いして無理やり採用した人には強いことが言えませんから、アドバイスする人もいないのかも知れませんが…。

育成できない人を採用して、どうするのでしょう？　周囲に「生命保険会社はいい加減」と言わせるだけだと思うのですが、いかがですか？　採用のポイントは〈夢（マイホームが実現できるかも知れない、といったこと）〉と〈安心（この人とならー緒にやっていけそう、といったこと）〉を与えることです。そういった意味で、多くの人に良い意味で関心を示し、そういった話ができる状況作りから、まず始めていただきたいと思います。

その三十五　育成率が悪いのは

「環境が人を育てる」と言います。
だから、育成率が悪いのは、
環境が悪いということなのです。

人が集まると、そこにはその人たちが作る雰囲気が生まれます。当然、〈暗い雰囲気〉〈冷たい雰囲気〉〈活気のない雰囲気〉では新人は育ちません。そういった意味で、私たちは〈明るい雰囲気〉〈温かい雰囲気〉〈活気のある雰囲気〉を作る必要があるわけですが、こういった雰囲気は、一体、何が作るのでしょう？

ご承知のように、組織の雰囲気はそこに集まった人たちの、特に〈態度〉と〈言葉〉が作ります。つまり、明るい雰囲気は〈明るい言葉〉と〈笑顔〉が、温かい雰囲気は〈温かい言葉〉と〈思いやり〉が、活気のある雰囲気は〈前向きな言葉〉と〈積極的な態度〉が作っているわけです。ということは、一人ひとりがこういったことを心がければ、間違いなく組織に魅力が備わり、その魅力が新人を育て、且つ多くの人を引きつけるようになると言えるわけです。

「うちの営業所は雰囲気が悪いから新人が育たない」と言う人がいます。でも、そういう人に知っていただきたいのは、その雰囲気を作っている〈機関の人数分の一〉の責任はその人にもある、ということです。

「子供は親の作った環境の中で習慣を身につける」と言います。「子供は親の言うとおりのことはしないがしているとおりのことをする」とも言います。これらの言葉の子供を新人に、親を先輩に置き換えれば、まさに〈新人育成のポイント〉を言い当てた言葉になると思うのですが、いかがですか？

その三十六　採用はスタートライン

採用が目的と思っているから、
　脱落者を作ってしまうのです。
陣容拡充が目的と理解できれば、
　採用はスタートラインと理解できるはずです。

程度の差はあるとは言え、多くの人が〈採用〉を意識して、日々の展開を図っています。

でも、ここで少し考えていただきたいのは、「採用さえすれば良いのか？」ということです。

もちろん、採用はとても大切です。また、採用自体が答えと言って良いのかも知れません。

でも、採用の本当の目的は〈陣容拡充〉だと思うのですが、いかがでしょう？　とするなら、育成を視野に入れた取り組みをしなければ、意味がないと思うのですが、いかがですか？

つまり、「採用はスタートラインであってゴールではない」ということなのです。

そこで必要になるのが、〈何を教えれば良いのか？〉〈どのように理解させれば良いのか？〉〈どのように自立させれば良いのか？〉といった目線を持った新人への指導です。

そういった意味で、基本的には〈営業の鉄則・法則（営業理論）〉と〈その実践の仕方〉を〈教えるべきこと〉と位置づけ、〈その三十八　育成1〉〈その三十九　育成2〉〈その四十一　育成4〉を参考に理解を促し、〈その四十　育成3〉を参考に温かく突き放し、新人を自立させるようにしていただければと思います。

なお、その際、〈その四十二　私だってこんなものよ〉〈その四十三　ほめる立場の人〉〈その四十四　育成上手〉〈その四十五　新人を育てる考え方〉〈その四十六　そんなことなら〉で述べることを視野に入れて指導をすれば、きわめて展開が促進すると言えますので、申し添えておきます。

その三十七　新人の育ち方

新人がどのように育つかは、
　先輩が何を見せるかによって決まります。

いろいろな営業所で、「ねぇねぇ、貴女今月何件？　一件？　あぁ良かった、私も一件なの」といった会話を耳にします。言っている本人は大きな問題と思っていないでしょうが、もし新人がこういった先輩の会話を聞いていたら、一体、どういったことを思うでしょう？『そうか、私も一件でいいんだ』と思うのではありませんか？　そう考えると、新人の前でこういった会話をするのは、とても大きな問題だと思うのですが、いかがでしょう？

私たちの業界は数字が出なければ生き残れない世界です。したがって、「仕事の進め方（契約のとり方）を指導するのが新人育成の基本」と言って間違いではないと思います。でも、その指導は、〈職場で言って良いこと悪いことがある〉〈お客様に言って良いこと悪いことがある〉〈新人の前で言って良いこと悪いことがある〉といったことを理解した上でしていただきたいのです。なぜなら、新人は先輩を見て育ち、みなさんがそうであるように、いずれいろいろな形で後輩に影響を与えるようになるからです。

営業の世界には「営業マンである前に常識ある一般人であれ」という言葉があります。〈常識ある一般人〉とは、まさに「相手・時・場所によって言って良いこと悪いことがある、して良いことと悪いことがある、といったことを理解して、何ごとにも対処できる人」のことです。

新人の前で愚痴を言えば、いずれ新人も愚痴を言い出します。新人の前で摩擦を起こせば、いずれ新人も摩擦を起こすようになります。あらかじめこういったことを理解して、育成に取り組んでいただきたいと思います。

その三十八　育成・1

育成とは、
　契約のとり方を教えることです。

もちろん、契約のとり方さえ教えれば良い、というわけではありませんが、生保セールスとして成功させるには、きわめて重要であることには違いありません。
では、どのような指導をすれば良いのでしょう？　営業の世界には法則がたくさんあります。法則とは「こうすればこんな結果が出る」と言えるものです。したがって、その法則を理解させて実践指導をすれば、まさに〈契約のとり方〉を教えることになるわけです。

そこで、まず新人に徹底して指導していただきたいのが、「人は会った回数に比例して親しくなる」という法則です。つまり、足しげく訪問すれば自然に溶け込みが図れ、見込み客が増えると理解させ、営業の基本である訪問活動を習慣化したいわけです。

とは言え、相手は新人です。そういった意味で、目線を新人に合わせ、「何度も訪問するのは〈仲良くなってくれそうな人（見込み客）〉を見つけるためなのよ」といったことから話をし、その上で、「〈仲良くなってくれそうな人〉を見つけたら、今度は余計な話に花を咲かせるの。なぜだか分かる？　余計な話でも花が咲けば良い雰囲気が生まれ、『何だか○○さんの人柄に付け込むようで申し訳ないのですが、これも仕事なのです。ちょっとお教えいただけませんか？　ご主人はどのような保険にお入りですか？　奥さんは？　お子さんは？』と言って、完全情報が収集しやすくなるからなの。完全情報が収集できれば、そのご一家全体の保険料が分かるから、その保険料の範囲内でさらに有利なプランを考えることができるでしょう？」とつなぎ、多くの人にプラン提示ができる状況を作らせるわけです。

ぜひ、こういったことも視野に入れ、新人に接していただきたいと思います。

その三十九　育成・2

新人に対し、
〈なるほど〉〈これなら私もできる〉と、
繰り返し思わせることが育成なのです。

新人に基軸を持った営業活動をさせるには、営業理論（営業の鉄則・法則）の付与がとても大切です。とは言え、相手は右も左も分からない新人です。したがって、〈なるほど〉〈これなら私もできる〉と思わせるような指導を、繰り返し行うことが重要になります。
そういった意味で、「ところで、〈営業の原点は人間関係〉と言うんだけど、なぜだか分かる？　人と人との間に起こる物流を商売と言うでしょう？　その商売を促進させるのが私たちの仕事だからなのよ。じゃあ、どうすれば良い人間関係が作れると思う？　良い印象を与えれば良いのよ。そこで知って欲しいのは、私たちの雰囲気は〈態度〉〈言葉遣い〉〈服装〉などが作っていて、それを整えないと良い印象は与えられないということなの。誰だって自分に良い意味で関心を示す人には、こちらも良い意味で関心を示すでしょう？　だから、『どんな態度なら相手に良い意味で関心を示すことになるのか？』『どんな言葉遣いなら相手に良い意味で関心を示すことになるのか？』『どんな服装なら相手に良い意味で関心を示すことになるのか？』といった考え方が、とても大切になるわけ」といった感じで〈その三十八　育成・1〉で述べたような話につなぎ、まさに〈なるほど〉〈これなら私もできる〉を繰り返すべく、噛んで砕くような指導をしていただきたいわけです。

と同時に、契約につなぐには、「商品の機能とメリットを説明したら、必ず〈だからこの保険をお勧めするのです〉と言ってしめくくるのよ」といった指導も大切ですので、ぜひ頭に入れておいてください。

その四十　育成・3

〈一〉から〈十〉まで手をかけるのが、
育成ではありません。

一生懸命手をかけても、また印鑑をいただくところまで協力しても、必ず育成できるとは限りません。むしろ、そうすることによって甘えが生じ、自立させるために意図して距離を置いたりすると、「○○さんは何もしてくれない」といったことを言わせることになります。
では、どうすれば新人の行動意欲が喚起できるのでしょう？　それについて私たちが知っていなければならないのは、「相手の行動意欲を喚起する最も簡単、且つ有効な手段は〈ほめること〉である」ということです。

意識すれば、誰だって「すごいじゃない」「さすがね」といったことは言えると思うのですが、いかがですか？　さらに意識すれば、「そこが○○さん（新人）の良いところね」とか「○○さんのそういったところは、私も見習わなくちゃね」といったことも言えると思うのですが、いかがですか？　つまり、こういった言葉が新人の〈やる気〉を刺激して、行動意欲を高めるわけです。

とは言え、『あんな人』と思う人からほめられても嬉しくありません。そういった意味で、普段からセルフイメージ（自分の持つ雰囲気＝態度・言葉遣い・服装などによって作られます）に対する意識度を高め、自分を高める努力もしていただきたいと思います。

なお、何度か同行した新人からのさらなる同行依頼については、まず「いいよ」と答え、その上で、「ところで、ご主人はどんな保険に入っているの？　奥さんは？　お子さんは？」と質問し、完全情報が収集できていない場合は、「完全情報を収集するまでは貴女の仕事よ」といった展開を図ると自立しやすいと言えますので、申し添えておきます。

その四十一　育成・4

自分の〈やり方〉を押しつけるのが、
育成ではありません。

営業の世界には、いろいろな鉄則・法則があります。したがって、間違いなく「このような展開を図るべき」と言えるものはありますが、それはあくまでも総論的な部分、言い換えれば〈営業の基軸を成す部分〉であって、それを実現する方法（各論的な部分）については、無限にあると知っていなければなりません。つまり、営業は〔人間の行動意欲（あるいは購買意欲）は価値観を刺激することによって生まれる（〈その二十　この仕事は大変〉参照）〕

という法則の上に成り立っているという意味で、「だから多くの人の価値観を刺激しなければいけないのよ」と言うことはできても、「こういう方法でなければいけない」とは言えないと知っていただきたいわけです。

ご承知のように、人間の価値観は、突き詰めれば〈好き〉か〈嫌い〉かと〈損（不満）〉か〈得（満足）〉かの二つです。ということは、形はどうであれ、〈人に好かれるための努力〉や〈相手の得（満足）を充たすための努力〉はすべて営業活動と言えるのですから、そのことを理解させ、その実現のための〈努力〉と〈工夫〉を促すのが育成と位置づけ、新人に接する必要があるわけです。

そういった意味で、仮に自分なりの方法を確立していても、「だからこうしなければならない」と言うのではなく、〈その三十九　育成2〉で述べたようなことや、〈その四十二　私だってこんなものよ〉〈その四十三　ほめる立場の人〉〈その四十四　育成上手〉で述べることを視野に入れ、「私はこういうやり方をしているの。一度、試してみたら？」といった指導を、ぜひ心がけていただきたいと思います。

その四十二　私だってこんなものよ

新人に同行する時は、
あまり『良いところを見せよう』と思わないことです。
なぜなら、
失敗して「私だってこんなものよ」と言ってあげた方が、
『そうなんだ』『私にもできるかも知れない』と、
多くの新人が思うからです。

新人が優績者の洗練されたやり方を見ると、『さすが』と思いながらも、往々にして『私にはできない』という気持ちになります。

そういった意味で、地区開拓ならば「ごめんください。こちらの地区を担当してます○○生命の□□と申します。これからもお邪魔すると思いますが、どうぞよろしくお願いします」、職域ならば「こんにちは、○○生命です。これからもよろしくお願いします」といった、誰でもできるようなやり方を2～3回見せ、「これならできるでしょう?」と言って、即、新人に実践させるような指導を、まず心がけていただきたいのです。

その上で、「〈また訪問できそう〉とか〈仲良くなってくれそう〉と思えた人が見込み客なのよ」と説明し、完全情報を収集する展開(〈その三十八　育成1〉参照)をさらに指導するわけですが、当然、この程度の訪問でも「保険屋さん? もう来ないで!」といった反応もあり、何ら対応できないこともあります。そこで、まさに「私だってこんなものよ」と言って安心感を与え、〈断りはあって当たり前〉と理解させると同時に、『そうなんだ』『私にもできるかも知れない』と、新人に思わせるわけです。

ぜひ、こういったことの繰り返しが育成と理解して、新人に接してください。

その四十三　ほめる立場の人

新人は〈ほめられて育っていく人〉と知ってください。
だから先輩は、
新人を〈ほめる立場の人〉でなければならないのです。

〈その三十六　採用はスタートライン〉で述べたように、採用の目的は陣容拡充です。したがって、『どうすれば育成できるのか』『どうすれば新人の行動意欲が喚起できるのか』といった目線が、とても大切と言えます。

そういった意味で、新人に対する〈展開方法（訪問の仕方・説明の仕方など）の指導〉や

〈営業理論（営業の鉄則・法則）の付与〉が、きわめて重要になるわけですが、どれだけみなさんが良いことを言っても、新人に聞く耳がなければ効果は期待できません。そこで、「○○さん（新人）は持ってる雰囲気がとても良いじゃない。だから、○○さんに対して悪い印象を持つ人なんて絶対にいないと思うよ」といった〈ほめ言葉〉で聞く耳を持たせ、その上で〈やるべきこと〉〈心掛けるべきこと〉を指導するようにしていただきたいわけです。

ご承知のように、人は自分に良い意味で関心を示す人には良い意味で関心を示し、悪い意味で関心を示す人には悪い意味で関心を示します（〈その十九　最高のプレゼント〉参照）。ぜひ、良い意味で関心を示す最も簡単、且つ大切なのが〈ほめる〉ことと頭にたたき込み、新人に接していただきたいと思います。

余談ですが、人は『自分に対する配慮が足りない』と思うと相手に対して不快感や不信感を持ち、行動意欲が低下する傾向にあります（〈その二十一　採用のポイント〉参照）。ぜひこのこともよく頭に入れ、育成に取り組んでください。

その四十四　育成上手

新人の目を見てうなずきながら、
「そうね、貴女の言うとおりね」「分かるわ、貴女の気持ち」と、
新人の心を受け止め、
「でも、貴女はとても良い雰囲気を持っているのだから、
多くの人に会えば、必ずたくさん見込み客ができるはずよ」と、
言うべきことを言う。
育成上手は、いつもこんな感じで新人に接しています。

人を頼ったり甘えてばかりでは、いつまでも自立することはできません。とは言え、つらい時や苦しい時、周囲の〈やさしさ〉や〈思いやり〉に心が救われ、その喜びを活力に変える例はたくさんあります。

そういった意味で、特に新人には『分かってあげる』という目線を大切にして、〈言うべきこと（指示・指導）〉を言う前に、「貴女のいいところは、その笑顔と明るさだと思うの。だから、貴女を見て悪い印象を持つ人なんて、私は絶対にいないと思うよ」といったほめ言葉で、気持ちを後ろ向きにさせないように心がけ、その上で、「貴女は人に会えば会うほど見込み客ができるのだから、一人でも多くの人に会うように意識して、毎日の活動をすれば良いわけ。後は〈訪問の仕方〉と〈きっかけの掴み方〉よね」といった感じで、〈その三十八　育成1〉〈その三十九　育成2〉で述べたような展開につないでいただきたいわけです。

当然、新人は『この人は私を分かってくれている』と思う程度に比例して、こちらの話に聞く耳を持つと言えます。ぜひ、そのあたりのことも頭に入れ、新人に接していただきたいと思います。

その四十五　新人を育てる考え方

成功は新人の力、
　失敗は指導者（先輩）の責任。
そんな考え方が、
　新人を育てるのです。

新人が契約をもらってくると、周囲に「私が○○をしてあげたから」などと言って、自分で自分をほめる人がいます。そういう人を見るにつけ、『そんなことを言わなければ、もっと新人が自信を付けるのに』と思うのは、著者だけでしょうか？　もっとも、そういう先輩ほど新人が失敗すると、「だから言ったでしょう」「だから駄目なのよ」などと言って、新人の自信の芽を摘み取ったりするのですが…。

新人を育成する際、私たちが頭に入れておくべきなのは、「誰だってほめてもらえば気持ちも高まり〈やる気〉になる」ということです。当然、「私が○○をしてあげたから」などと言われれば、仮にそれが事実であっても意欲は低下します。

確かに、新人の成功は教える側の力による部分が大と言えますが、最大のポイントは本人（新人）の〈やる気〉です。したがって、いかに新人を〈やる気〉にさせるかが、育成の最大のポイントと理解して新人に接するべきなのです。

そういった意味で、みなさんの後押しで出た契約であっても、「所長、○○さん（新人）、すごいのですよ」とか、「○○さんはさすがね。私たちも見習わなければね」と言ってあげられるみなさんであってください。なぜなら、そうすれば往々にして「いえ、先輩のおかげです」といった言葉が返ってきて、「じゃあ、今度はこんなこともしてみようよ」といった感じで、さらなる指導がしやすくなるからです。

その四十六　そんなことなら

退職を決意した新人から理由を聞き、

「そんなことなら言ってくれれば良かったのに」

などと言う人がいます。

普段から声をかけていれば、
こうなる前に気づけたはずなのに…。


心の状態は、必ず〈顔の表情〉や〈態度〉、あるいは〈言葉〉や〈声のトーン〉に表れます。ということは、新人との会話を怠らなければ、「私、何も知らなかったわ、そんなことなら…」といったことにはならないと思うのですが、いかがでしょう？　つまり、新人の苦しみに気づけないのは、間違いなく〈育成する側の意識度の問題〉と言えるわけです。

とは言え、採用した人にも仕事があります。したがって、すべての責任を採用した人に押しつけるのは、あまりにも酷と言えます。そういった意味で、みんなが新人の様子に敏感になり、誰が採用した新人であっても、『今日は元気がないな』『気が立っているな』『後ろ向きな言葉が多いな』と思った時は、「何かあったの？　いつもの○○さんらしくないじゃない」といった感じで話しかけ、機関長や組織長、あるいは採用した人につないでいただきたいのです。

こういったことを言うと、時々「私には関係ないから」などと言う人がいます。確かに、採用してない人から見ればそうかも知れませんが、少なくとも読者のみなさんは〈採用の意味〉も〈環境（職場）の意味〉も先刻ご承知のはずです。とするなら、〈誰もが育成に協力して当たり前〉ということも、ご理解いただけると思うのですが、いかがでしょう？　ぜひ、こういったことをお互いが意識して、育成率の高い営業所を作っていただきたいと思います。

その四十七　育成の名人

釣りの名人は、
　魚の心を考えて糸を垂らすそうです。
ということは、
　新人の心を考えて新人に接すれば、
　育成の名人になれるのかも知れません。

今思えば何でもないことですが、著者が営業職員として某社に入社した当初、先輩から「定特（ていとく＝定期保険特約）はこうした方がいいよ」「割災（わりさい＝災害割増特約）

はこれぐらい付加した方がいいよ」といったアドバイスを受け、言葉の意味が分からず当惑したことがありました。おそらく、こういった経験をしたのは、著者だけではないと思うのですが、いかがでしょう?

新人の場合、こういったことが繰り返されると分からないことが増えていき、次第に『何を質問すれば良いのかさえ分からない』といった状況を作ることになります。そういった意味で、人と話をする時は、まさに〈相手の心〉、つまり、〈話す相手が小学生なら小学生に意味が通じるように話す〉〈話す相手が中学生なら中学生に意味が通じるように話す〉、そして〈話す相手が新人なら新人に意味が通じるように話す〉といった考え方に立って、展開を図っていただきたいわけです。

また、新人と接する場合、「同じことを何度言わせるの」と言いたくなるようなこともあると思いますが、そういう時こそ〈新人の心〉を考え、話をする時はメモをとらせて理解を促す、規程の勉強をする時は規程集にインデックスを貼らせるなどして、どこに何が書いてあるかが分かるようにする、といったことを、心がけてください。

その四十八　評価

新人の場合、
数字の評価も大切ですが、
努力の評価はもっと大切です。

「数字が出せなければ生き残れない世界なのに、数字より努力の評価が大切とはどういうことだ！」とお叱りを受けるかも知れませんが、著者は体験上、今もそのように強く思っています。というより、「やるべきことをやらなければ出るべくして結果は出ない」という意味で、セールスマン（セールスレディ）として〈やるべきこと〉を繰り返し実践させる指導が、きわめて大切と言いたいわけです。

ご承知のように、多くの人が「保険の仕事は難しい」と言います。でも、そういう人の多くは、聞く耳を持たない人に言って聞かそうとしている人だと思うのですが、いかがでしょう？　つまり、どれだけ商品知識があっても、どれだけ商品説明を習得しても、聞く耳のない相手には役に立たないと理解する必要があるわけです。

「あの人はすごい」と言われる優績者は、間違いなく何らかの形で相手に聞く耳を持たせる努力（アプローチ）をしています。当然、その方法は長年の経験から生まれたものが多く、即、新人が真似できるものばかりではありません。

そういった意味で、〈セルフイメージ（自分が持っている雰囲気）を整えて足しげく通えば余計な話に花を咲かせることができ、良い人間関係ができた程度に比例して相手は聞く耳を持つ〉という考え方に立って、訪問努力を怠らないような指導を、新人にしていただきたいのです。当然、そういう努力を評価すれば、一層行動意欲が喚起されます。ぜひそのことも頭に入れ、新人に接していただきたいと思います。

その四十九　決め手

「蒔いた種以上の花は咲かない」と言います。
「下手な鉄砲、数打ちゃ当たる」とも言います。
結局、採用も契約も、
　決め手になるのは訪問量と面談数なのです。

何ごとも〈やるべきこと〉をやれば、後は確率の問題。つまり、可能性があるということです。でも、やらなければ確率は〈0〉、まったく可能性がありません。そういった意味で、大いに〈やるべきこと〉を実践して、採用や契約に向けた展開を促進していただきたいわけですが、問題は何が私たちにとっての〈やるべきこと〉なのか、ということです。

当然、状況によって〈やるべきこと〉は異なります。でも、採用にしても契約にしても、私たちの仕事は人に会わなければ何の結果も出ません。ということは、最優先にやるべきことは、〈訪問〉と〈面談〉だと思うのですが、いかがでしょう？

『採用しよう』とか『契約してもらおう』と意気込まなくても、多くの人を訪問すれば〈話しやすい人〉や〈訪問しやすい人〉に出会い、自然な形で〈採用〉や〈契約〉の話が切り出せることがあります。意気込まなくてもそうなら、意図して〈その一　何か良い仕事はないかなぁ〉〈その十　一人より二人に〉〈その三十　感じの良い人ね〉で述べた展開につなぐ目線で多くの人に会えば、採用にしても契約にしても、間違いなくもっと展開が促進すると思うのですが、いかがでしょう？

〈やるべきこと〉をすれば、間違いなく確率が生まれます。自分なりのコツを掴めば、その確率は高くなります。ぜひ〈訪問量〉と〈面談数〉に対する意識度を高め、これからの展開を図っていただきたいと思います。

その五十　怠らなければ

今できることを怠らなければ、
必ず道は開けます。

すでに述べたように、私たちの仕事は行動しなければ何一つ結果は出ません。そういった意味で、『行動に優る考えなし』という考え方に立って、展開を図るぐらいでありたいわけですが、『私には力がない』『私にできるわけがない』などと考え、行動を起こす前に挫折している人がたくさんいます。

「人間の能力は無限」と言うものの、私たちは生身の人間です。したがって、経験不足などで『自信がない』と思うことがあって当たり前です。また、時間の制約などで〈できないこと〉があって当たり前です。でも、〈やるべきこと〉については、努力も工夫もするべきだと思うのですが、いかがでしょう?

そこでお勧めしたいのが、自分の考える〈やるべきこと〉を、箇条書きにして書き出すということです。なぜなら、『あれもしなければいけない、これもしなければいけない』と頭の中で考えているより、書き出した方が意識度も高まり、〈やるべきことの優先順位〉や〈やれること〉が見えてくるからです。つまり、『毎月一名の採用は今は難しい。だから、毎日十人に会って三人の採用ターゲットを見つけ、コンスタントに毎月一名の採用ができる状況を作ろう』といった目線を持って、〈やれること〉から繰り返し実践していただきたいということです。

〈やるべきこと〉を明確にすれば、必ず〈やれること〉が見えてきます。その〈やれること〉さえ怠らなければ間違いなく前進し、道は開けるのです。ぜひそのような考え方に立って、〈やるべきこと〉〈やれること〉を、コツコツやり続けていただきたいと思います。

図書案内

続・こんな考え方をすればもっと契約がとれるのに

和谷多加史●著

新書判・二二二頁　定価六〇〇円（税別）

ISBN 4-7650-0671-9

貴方のヤル気を引き出す101の言葉

○人間関係は掛け算
○鰯（いわし）と鯖（鯖）
○バネ
○文句ばかり言わないの
○心無い人ほど
○目標のない出発はその時点で失敗を意味する
○方法を変えれば結果も変わる
○思いの重さ
○能力1
○しまい忘れた能力
○継続は力なり
○意識と能力
○環境1
○環境2
○良い子と付きあわなキャだめよ
○楽しく仕事がしたければ
○何からするか
○出る結果の差は意識の差
○くれない族
○設定
○失敗するから伸びる
○長所と短所
○経過
○言い訳を言いたい人ほど
○都合
○成長
○新人の手本
○言うべきことを知っている人は
○やる気のバロメーター
○向いている方向
○悩み
○アプローチ
○楽と苦労
○余計な話をするから仕事になる
○良い人間関係を作るコツ
○なるほどなあ
○アプローチ段階とクロージング段階
○そんなこと　ほか

図書案内

新・こんな考え方をすればもっと契約がとれるのに

和谷多加史●著

新書判・二三二頁　定価六〇〇円（税別）
ISBN 4-7650-0673-5

貴方を優績者にするための101の言葉

○どちらでもいい
○意識
○あいまい
○そうですよねぇ
○セールスの道
○ここがポイント
○シグナル
○売りたい商品と売りやすい商品
○ターンアバウト
○セールスマンの能力
○できない
○あきらめてしまうから
○私のお客様よ！
○契約は
○親の顔が見たい
○セールスマンは
○精一杯
○足を運ぶ
○足を運ぶ
○花を見て
○自分を伸ばすコツ
○うらやむ人は
○優績者4
○工夫
○そっくりそのまま
○探す
○変化
○百人で三件
○行く所
○分かっていれば
○つい
○どうして分かってくれないの
○見込み客作り
○考え方
○一番のポイント
○付加価値
○遅すぎることはない
○何も打つ手もないない
○楽しく仕事ができるのに
○優績者5
○一歩先が見えるひとは
○見込み客度
○十人は十人十色でも　ほか

●著者紹介

和谷多加史（わやたかし）　ワヤセールス事務所所長

セールスマンとして多くのタイトルを獲得し、昭和62年、営業トレーナーを経て朝日生命に営業職員として入社。約3年で組織採用77名、組織分離11。選別採用にこだわり、8名の営業所を73名に、15名の営業所を39名（業績、実働とも管内トップ）にするなどの業績を残す。

平成3年、ワヤセールス事務所を設立し、現在、"方法論のない指導は指導ではない"をモットーに執筆・講演活動を展開。

主な著書として、「機関経営を成功させる本」「こんな考え方をすればもっと契約がとれるのに」（全4冊）「営業の鉄則に学ぶ親と子の交流学」「心の花、枯れていませんか？」（各、近代セールス社）などがある。

連絡先　〒516-0077　三重県伊勢市宮町2-3-8
TEL 0596-28-1100

こんな考え方をすれば
もっと採用・育成ができるのに

2012年4月13日　第2刷発行

著　者　和谷多加史
発行者　福地　健
発行所　株式会社近代セールス社
http://www.kindai-sales.co.jp
〒164-8640　東京都中野区中央1-13-9
電話　03（3366）2761（代表）
FAX　03（3366）2706
印刷・製本　株式会社三友社

 ISBN 978-4-7650-0802-0 C2033